Karl Rahner

Maria – uns ähnlicher, als wir denken

Karl Rahner

Maria – uns ähnlicher, als wir denken

Herausgegeben von
Andreas R. Batlogg
und Peter Suchla

Matthias Grünewald Verlag

VERLAGSGRUPPE PATMOS

PATMOS
ESCHBACH
GRÜNEWALD
THORBECKE
SCHWABEN
VER SACRUM

Die Verlagsgruppe
mit Sinn für das Leben

Die Verlagsgruppe Patmos ist sich ihrer Verantwortung gegenüber unserer Umwelt bewusst. Wir folgen dem Prinzip der Nachhaltigkeit und streben den Einklang von wirtschaftlicher Entwicklung, sozialer Sicherheit und Erhaltung unserer natürlichen Lebensgrundlagen an. Näheres zur Nachhaltigkeitsstrategie der Verlagsgruppe Patmos auf unserer Website www.verlagsgruppe-patmos.de/nachhaltig-gut-leben

Verlagsgruppe Patmos in der Schwabenverlag AG, Ostfildern
www.gruenewaldverlag.de
Umschlaggestaltung: Finken & Bumiller, Stuttgart
Umschlagmotiv: © Deutsche Region der Jesuiten
Satz: Schwabenverlag, Ostfildern
Druck: GGP Media GmbH, Pößneck
Hergestellt in Deutschland
ISBN 978-3-7867-3358-4

Inhalt

Lauter »Ach und Oh!«

Einführung der Herausgeber

Der 8. Dezember, der 8. September, der 25. März und der 15. August sind in der katholischen Kirche prominente Marien-Feiertage. In ratlose Gesichter schaut aber zunehmend, wer nachfragt, was denn an diesen Tagen in der katholischen Kirche gefeiert wird (Mariä Empfängnis, Mariä Geburt, Mariä Verkündigung, und Mariä Himmelfahrt).

Selbst die früher unzweifelhaft mit der Mutter Jesu verbundene Bezeichnung »Madonna« ist nicht mehr eindeutig. Heutige Jugendliche und jung gebliebene Ältere denken, wenn sie »Madonna« hören, eher an eine amerikanische Pop-Diva.

Und doch war die Marien- bzw. Madonnen-Darstellung für die christliche Kunst das mit Abstand häufigste Motiv seit dem 3. Jahrhundert. Fast jeder bedeutende Maler der Kunstgeschichte hat es aufgegriffen, und jede Kunst-Etappe verzeichnet entsprechende Meisterwerke über Maria. Dabei dominieren meist zwei Darstellungen: Maria mit dem kleinen Neugeborenen und Maria mit dem toten Sohn oder, als Orte benannt: Krippe und Kreuz. Weltweit sind nur wenige

Kunstwerke so bekannt wie die von Michelangelo 1498/99 geschaffene, im Petersdom hinter Panzerglas gesicherte Pietà.

Aber wer war Maria – und wie heute von ihr reden? Von Thérèse von Lisieux (1873–1897) gibt es den Ausspruch: Wenn man von Maria spreche, dann sollte man sie nicht als unerreichbare Heilige darstellen, »sondern zeigen, dass sie nachahmbar ist« bzw. »sagen, dass sie aus dem Glauben lebte wie wir«. Und Thérèse fährt fort: »Man müsste so reden, dass die Menschen sie lieben können. Wenn man bei einer Predigt über die Muttergottes von Anfang bis Ende gezwungen wird, vor Staunen nach Luft zu schnappen, lauter ›Ach und Oh!‹, dann hat man bald genug, und das führt weder zur Liebe noch zur Nachahmung.«[1] Wir wissen nicht, ob Karl Rahner dieses Zitat kannte. Aber seine Schriften zeigen, dass er es wohl unterstreichen würde.

Miriam, ein jüdisches Mädchen

Maria war ein jüdisches Mädchen mit Namen Miriam. Die griechische Form dieses hebräischen Namens ist weltweit einer der beliebtesten Mädchennamen. 14 oder 16 Jahre alt war Maria vielleicht, sehr jung jedenfalls, als sie schwanger wurde und Jesus gebar.

Auch wenn wir nicht allzu viel von ihr wissen, so hat ihre Verehrung doch eine unglaubliche Wirkungsgeschichte. Seit Jahrhunderten wenden sich Gläubige im Gebet an sie, suchen Rat, Trost, Hilfe, Unterstützung bei ihr. Millionen sind bislang zu den großen Wallfahrtsorten, die zum Teil mit Marien-Erscheinungen verbunden werden, gepilgert: Lourdes (Frankreich), Fátima (Portugal), Altötting (Deutschland) oder Mariazell (Österreich). Kleinere Wallfahrtsorte gibt es nahezu überall. Zu all diesen Wallfahrtsorten machen sich gesunde und kranke Menschen auf, nehmen dafür zum Teil enorme Strapazen in Kauf. Immer wieder gibt es bei den Kranken überraschende Heilungen. Und wenn es auch nur wenige sind, die geheilt zurückkommen, so kommen doch fast alle gestärkt und getröstet zurück – und damit reicher als vorher.

Das Bild, das Menschen von Maria haben, unterscheidet sich freilich sehr: Die einen sehen in ihr eine Frau mit traditioneller Mutterrolle, reden von »Demut und Reinheit«. Andere betonen das Revolutionäre bei Maria, das sich im »Magnifikat« zeige (siehe Lukas 1, 46–55: »Er stürzt die Mächtigen vom Thron und erhöht die Niedrigen«), und stellen im Namen Marias weitreichende Reform-Forderungen an die Kirche. Wieder andere sehen in ihr die strahlende Himmelskönigin – und andere bleiben distanziert, können mit Maria nichts anfangen oder denken vielleicht: »Warum soll ich mich mit Maria befassen? Jesus genügt mir.« Die hier versammelten Texte Rahners möchten helfen zu verstehen, was es mit Maria auf sich hat.

Rahner und die Marienverehrung

Karl Rahner (1904–1984) stammte aus einer frommen, aber nicht bigotten Familie, in der regelmäßig gebetet wurde. Gottesdienstbesuche waren die Normalität. Wer wie Rahner 1922 in den Jesuitenorden eintrat, durchlief in der Regel eine zwölfjährige Grundausbildung in Theologie und Spiritualität. 1932 wurde Rahner zum Priester geweiht. Sein älterer Bruder Hugo (1900–1968) war ebenfalls Jesuit. Das Leben im Orden war damals streng reglementiert. Frömmigkeitsübungen wurden fraglos praktiziert. Die tägliche Messe, bestimmte feststehende Gebete, darunter der Rosenkranz, wie auch die Gewissenserforschung gehörten dazu.

Mit Maria hat sich Karl Rahner viel befasst, als Wissenschaftler wie als Seelsorger. Sein populärstes Werk über Maria war ein kleines Bändchen, das nur noch antiquarisch zu erwerben ist. Es ist aus einer Predigtreihe in der Innsbrucker Universitäts- und Jesuitenkirche im Jahr 1953 hervorgegangen: »Maria, Mutter des Herrn. Theologische Betrachtungen«[2]. In acht Kapiteln geht Rahner hier klassischen Themen nach, vorangestellt ist ein »Kurzer Aufriss der Glaubenslehre von Maria«. Ein mariologischer Crash-Kurs sozusagen.

Aufgrund dieser intensiven Auseinandersetzung Rahners mit Maria hat Dominik Matuschek in seiner umfangreichen, mit dem Karl-Rahner-Preis für theologische Forschung 2012 ausgezeichneten Dissertation Rahners Mariologie als »Schlüssel zu seinem Denken«[3] bezeichnet. Und in der Tat hat Rahner lebenslang darum gerungen, die theologischen Aussagen, die sich auf Maria beziehen, verstehbar zu machen. Seine zahlreichen Studien, Texte, Meditationen, Predigten oder Gebete über Maria tragen allerdings häufig das Pathos ihrer Zeit, sind in einer konventionellen, traditionellen Sprache verfasst und muten daher heute eher fremd an.

Wie aber *heute* von Maria sprechen? Geht das mit den Vokabeln der Vergangenheit? Solche Fragen stellen sich freilich für alle Glaubensinhalte. Die Sprache von Dogmen und Konzilien wirkt in unserer Zeit in der

Tat befremdlich. Man muss sorgfältig unterscheiden zwischen Sprache und Inhalt. Die Inhalte gehören zum christlichen Glauben. Aber die Sprache, mit denen diese Inhalte formuliert und in die sie eingekleidet werden: Was ist damit?

Rahner hat dieses Problem immer deutlicher gesehen. Zwar klingen, wie gesagt, viele seiner auf Maria bezogenen Texte für uns Heutige ungewohnt und sperrig. Doch finden sich bei ihm auch sprachliche Perlen über Maria: Texte in einer geradezu poetischen Ausdrucksweise. Einen der schönsten Texte haben wir für dieses Bändchen ausgewählt, jenen über die Aufnahme Marias in den Himmel. Sprachlich und gedanklich eine wirkliche Perle!

Gerade dieser Text zeigt aber auch ein besonderes Anliegen Rahners (das er mit Thérèse von Lisieux teilt): Obgleich er Marias einzigartige Stellung in der Glaubensgeschichte sieht, legt er großen Wert darauf zu zeigen, dass Maria weder »Göttin« noch »Miterlöserin« ist, sondern unsere Schwester im Glauben, die uns im Glauben voranging, deren Lebensschicksal den Glauben immer wieder infrage stellte und herausforderte, die – wie wir alle – den Tod zu bestehen hatte und im Sterben denselben Weg nahm, den wir auch für uns erhoffen. Maria ist als unsere Schwester im Glauben uns ähnlicher, als wir denken.

Wenn man das erkannt hat, wird man freilich sensibel für manche Übertreibungen der

Marienverehrung, so auch Rahner, weshalb er einmal betonte: »Jeder Christ hat das Recht, bestimmte Frömmigkeitsformen als für sich selbst unakzeptabel abzulehnen. Dies gilt auch für bestimmte Weisen der Marienverehrung«. Und er verweist dazu auf das Beispiel eines Grignion de Montfort (1673–1716, heiliggesprochen im Jahr 1947) und stellt freimütig fest: »Seine durchaus lobenswerte Verehrung Mariens kann ich selber nicht nachvollziehen.«[4] An anderer Stelle erwähnt Rahner eine weitere Übertreibung: »Eine Marienverehrung, in deren Mittelpunkt zum Beispiel der Versuch steht, den lieben Gott und Jesus durch Maria gewissermaßen ›herumzukriegen‹ [...], ist Ausdruck von Aberglaube«. Humorvoll schildert er dazu eine Anekdote, »nach der ein Mann vor einer Statue der Muttergottes mit dem Jesuskind kniet, um Maria seine Anliegen vorzutragen. Verborgen hinter einer Säule lauert der Kirchenküster und flüstert ein paar Worte, die dem Betenden überhaupt nicht passen. Da er annimmt, das Jesuskind habe sie gesagt, murmelt er: ›Sei still, du Fratz, ich rede mit deiner Mutter.‹« Rahner lässt keinen Zweifel daran: »Hinter einer solchen Haltung, in der Maria eine Bedeutung zugeschrieben wird, der zufolge Gott nicht der Wirkende, sondern der Bewirkte ist, steckt eine schlechte Marienverehrung.«

Doch ist Rahner kein Glaubenseiferer, der mit Feuer und Schwert gegen Übertreibungen vorgeht. Er ist und bleibt ein Menschenfreund, daher sollte man seiner Ansicht nach »gegenüber bestimmten, eher harmlosen Verzerrungen in der Marienverehrung eine gewisse Toleranz üben«[5].

»Ich sehe dich in tausend Bildern«

Maria aus Nazaret, die Mutter Jesu, begleitete ihren Sohn auf seinen Wegen in unserer Welt: Da war die Geburt unterwegs in Bethlehem; da war die Flucht nach Ägypten, weil sie mit Josef und dem Neugeborenen vor den Soldaten des Königs Herodes fliehen musste; da war die aufregende Wallfahrt nach Jerusalem, als der zwölfjährige Jesus verlorenging; oder auch die Hochzeit von Kana mit der abweisenden Bemerkung Jesu gegenüber seiner Mutter. Und anders als die Jünger, die Jesus hoch und heilig versprochen hatten, nicht von seiner Seite zu gehen, ist Maria mit Johannes als einzigem seiner Jünger unter dem Kreuz zu finden. Sie hat sich mit ihrem Sohn gefreut, hat mit ihm gezittert, gebangt, gelitten, musste seinen entsetzlichen Tod – an ein Holzkreuz genagelt! – miterleben und verkraften. Nein, das war kein geradliniges schönes Leben, kein Leben, das Marias Zweifel dem Engel gegenüber (»Wie soll das gehen?«, Lk 1,34) mit Glanz und Gloria ausgeräumt hätte. Es war ein Leben, das Marias Glauben und Hoffen oft genug auf die Probe stellte und forderte.

Vielleicht ist das auch einer der Gründe, warum Maria in vielen Menschen mehr Gefühle auslöst als Jesus. Mit Maria sind in der Tat bei vielen Menschen starke Gefühle verbunden. Maiandachten, Litaneien, Marienlieder (»Segne du, Maria«, »Maria breit den Mantel aus«, »Wunderschön prächtige«) gehen ans Herz: Da werden Augen feucht, Erinnerungen an unbelastete Kindertage steigen hoch.

Sei es die stillende Mutter, die Mutter unter dem Kreuz, die Schmerzensmutter, die Pietà … Es gibt so viele Bilder, so viele Möglichkeiten, so viele Gelegenheiten, Miriam, der Mutter Jesu, zu begegnen. Der deutsche Dichter Novalis (1772–1801) schrieb: »Ich sehe dich in tausend Bildern, / Maria, lieblich ausgedrückt. / Doch keins von allen kann dich schildern, / wie meine Seele dich erblickt.« Franz Schubert hat das Gedicht vertont. Tausend Bilder – und alle sind nur Annäherungen an diese Frau.

Auch das hier vorgelegte Bändchen mit Texten Karl Rahners ist eine solche Annäherung. Rahner würde es wohl genauso bezeichnen. Mehr noch, er, der hunderte von Seiten mit wissenschaftlichen Abhandlungen über Maria geschrieben hat, meinte einmal: »Eines noch möchte ich zum Abschluss sagen: Wenn jeder von uns ein ›Gegrüßet seist du, Maria‹ betet, und zwar wirklich aus innerstem Herzen, dann ist dies ohne Frage viel bedeutsamer als all unser gelehrtes Reden darüber.«[6]

Vor vierzig Jahren, am 30. März 1984, starb Karl Rahner in Innsbruck, wenige Wochen nach Vollendung seines 80. Lebensjahres. Immer noch wird er gelesen. Immer noch inspiriert er. Immer wieder macht er Mut zum Christsein in intellektueller Redlichkeit. Spirituelles oder theologisches »Fastfood« sind seine Schriften gerade nicht. Sie gehen und führen in die Tiefe. Wie unsere Reihe zeigt, deren 14. Band wir hiermit vorlegen.

Andreas R. Batlogg SJ

Peter Suchla

Wo im Folgenden aus Gründen der Übersichtlichkeit Rahner-Texte gekürzt wurden, ist dies durch [...] markiert. Rahner selbst benützt keine eckigen Klammern. In eckigen Klammern stehende Wörter oder Sätze innerhalb der Rahner-Texte sind Einfügungen der Herausgeber, in denen Fremdwörter erklärt, längere Rahner-Texte zusammengefasst oder einzelne Rahner-Aussagen miteinander verbunden werden.

1. Ein ganz einfacher Satz

(1) Da ist Jesus von Nazaret, der in absoluter Solidarität mit mir und mit Gott lebte, starb und vollendet wurde. [... Er ist die] Person, in der mir der ewige, unbegreifliche, auch unverständliche Gott zugesagt hat, dass er mich in seiner Liebe und seiner Barmherzigkeit umfängt. Dieser Jesus hat eine Mutter. Von ihr weiß ich, dass sie in Freiheit ihr Ja zum Kommen dieses Heilands und Mittlers zwischen Gott und mir gesagt hat.

Mit diesem Grundwissen kann ich doch zunächst einmal ein Verhältnis zu Maria aufbauen.

(2) [Kurz gesagt:] Maria ist die Mutter Jesu. Dieser ganz einfache Satz ist der immer bleibende Ausgangspunkt jeder Glaubenslehre über Maria.

2. Gottes Plan

(1) [Gott hat gewollt,] dass sein Heil, das er an uns wirkt, durch Menschen von ihm an uns gewirkt werde. Darum muss [...] die Rede sein von Maria [...]. Denn sie ist die Mutter dessen, auf den allein unser ganzes Heil gegründet ist.

(2) [Deshalb ist sie auch] nicht nur eine Privatperson, die es in ihrem privaten Leben gut gemacht hat; sie ist eine wesentliche, unaufhebbare, im konkreten Plan Gottes notwendige Größe dieser Heilsgeschichte. Wir sind

deswegen also immer auch durch ihre Tat getragen. Was sie getan hat, ist ein Moment an unserer eigenen heilsgeschichtlichen Situation.

3. Marias Tat

(1) Maria hat eigentlich nur eines getan: ihren Sohn empfangen. Alles andere war nur die Entfaltung dieses einzigen Themas ihres Lebens. Sie hat nicht nur in einer großen Stunde einmal Ja gesagt; sie hat dieses Ja durchgetragen, geduldig, schweigend, beharrlich, in der ruhigen Sicherheit des wahrhaft Glaubenden […], durchgetragen durch ein ganzes Leben.

(2) Sie ist nicht als himmlisches Wesen zu sehen, sondern als Mensch, der aus der

Gewöhnlichkeit seiner Situation und in ihr seine heilsgeschichtliche Funktion für sich und die anderen tätig und leidend, in vielen Unsicherheiten lernend, in Glaube, Hoffnung und Liebe annahm und gerade so Vorbild und Mutter der Glaubenden ist.

4. Was wir durch Maria über uns selbst erfahren

[In Maria sehen wir:] Endlich einmal ein Mensch auf dieser Erde, ein wirklicher, wahrer Mensch, nicht eine erfundene Gestalt eines Romans [...], sondern ein wirklicher Mensch mit Fleisch und Blut, mit Tränen, Mühsal, Armseligkeit, Finsternis – und doch ein Mensch, der ganz und gar nichts ist als Reinheit, Güte, Liebe, Treue, Geduld, Barmherzigkeit [...]. Alle diese Herrlichkeit war eingefangen und verborgen in der nüchternen, kleinen Gewöhnlichkeit eines Menschen, wie wir ihn auch sonst nur zu gut kennen und erleiden.

Wir sollen die Sünde ernst nehmen, wir sollen beachten, was die Schrift sagt: der Mensch ist ein Lügner; und sollen uns bemühen, uns immer wieder ehrlich zu fragen, ob unser Gewissen nicht schon selber so verlogen geworden ist, ob die Maßstäbe Gottes in uns nicht schon so verkürzt sind, dass wir nicht mehr merken, wie sehr wir Sünder sind. [...] Aber was wir eben von Maria betrachtet haben, darf uns, gerade wenn wir wahrhaftig in der Wahrheit Gottes und nicht bloß in der unseren sein wollen, den Mut geben, zu sagen: Es kann doch nicht alles in uns so verkehrt, so böse, so widerspenstig sein gegen das Licht der Gnade Gottes, wie es manchmal den Anschein hat. Manches an unseren Tugenden mag nur Schein sein, der das Böse verdeckt; aber auch manches scheinbar Böse, oberflächlich Unvollkommene mag nur der Schein sein, der dasjenige verbirgt, was Gottes Gnade tatsächlich siegreich in uns vollbracht hat. [An Maria sehen wir:] Man kann in diesem Leben der Finsternis, der Schwäche und der Armseligkeit, des Nichtwissens, der Müdigkeit und des Weinens doch ein Mensch sein, der Gott liebt und von Gott geliebt wird, ein Kind Gottes, ein Mensch, der das Leben des Geistes lebt, der getragen, umhüllt und unausweichlich eingefangen ist von dem Erbarmen Gottes.

Wenn wir auf Gott blicken und ihm und seinem Zeugnis über seine Gnade noch mehr vertrauen als dem, was der richtende Gott über uns und unsere Erbärmlichkeit sagt – und das dürfen wir! –, dann dürfen wir auch von uns glauben, dass unser Leben und unsere Schwäche im Grunde genommen schon so von der Gnade überformt sind, dass in der letzten Tiefe unseres Wesens eben doch nicht der Ungeist der Finsternis, sondern das strahlende Licht Gottes lebt, dann dürfen wir vertrauen, dass auch wir unterwegs sind zu Gott und unser Leben schon jetzt so ist, dass es einen seligen Ausgang haben wird.

[... Und doch gibt es immer wieder Momente, in denen wir] erschrocken uns fragen: Sind wir überhaupt etwas anderes als arme und verlorene Sünder, die in einem feigen Mitleid mit uns selbst dies nicht wahrhaben wollen [...]? Wenn wir dann auf Maria, die Zuflucht der Sünder, blicken, dann müssen wir zwar sagen, dass sie die einzig ganz Sündenlose auf dieser Welt war. Aber ihr Leben, ihr armes, kleines, bescheidenes und bitteres Leben gibt uns armen Sündern doch den Trost und die tapfere Hoffnung, dass wir noch mehr sind als bloß Sünder; dass auch an uns Gottes Gnade tut, was sie an ihr getan hat; dass auch wir sind: die Begnadeten, die Geliebten, die im Grunde des Herzens aus Gottes Erbarmen, nicht aus unseren Kräften, dennoch Getreuen – diejenigen, die durchhalten werden, obwohl sie nicht wissen, wie sie morgen noch die Kraft haben werden, um die Forderungen des Lebens und die Überforderung Gottes zu bestehen – diejenigen, die Gott durch ein solches finsteres Leben hindurch lieben [... wie Maria es getan hat], bis, was wir jetzt schon sind, offenbar und endgültig wird und dann auch von uns gesagt werden kann: Wir sind die, die [...] Gott in seine eigene Sündenlosigkeit und Heiligkeit hinein befreit hat.

5. Hehres Bild eines Menschen

Die Demokratisierung der Gesellschaft und auch eine berechtigte Emanzipation der Frau sind gewiss unausweichliche und in sich zunächst legitime Entwicklungen in der heutigen Gesellschaft und geistigen Welt. Aber sie sollten doch in uns nicht die Fähigkeit verkümmern lassen, auch ein hehres Bild eines Menschen voll hoher Würde über unserem Alltag zu verehren.

[Ein solches »hehres Bild eines Menschen voll hoher Würde über unserem Alltag« zeichnet Rahner im folgenden Text zum Fest *Mariä Aufnahme in den Himmel:]*

6. Mariä Aufnahme in den Himmel

Wir feiern heute [... den Tag, an dem] Maria nach ihrem stillen Sterben mit Seele und Leib einging zum ewigen Leben, zum Leben Gottes selbst. So ist dieses Fest, weil auch bei ihr das [ewige] Leben die Frucht des Todes war, auch der Gedenktag eines Todes: Es gilt jenem geheimnisvollen Augenblick, da Zeit und Ewigkeit, Vergänglichkeit und Unsterblichkeit im Dasein eines Menschen sich berühren, da ein sterblicher Mensch eingeht in das Haus seiner Ewigkeit. Von diesem Punkt aus wollen wir versuchen, dem Geheimnis dieses Festes ein wenig näherzukommen.

Wenn wir das Leben des Menschen betrachten, wie es uns von außen auf den ersten Blick erscheinen mag, dann finden wir bei ihm wie bei allen Dingen einen gemeinsamen Zug: die Zeitlichkeit. Alles atmet den Odem der Vergänglichkeit, alles Irdische lebt nur im Augenblick, fügt eine winzige Zeitspanne mühsam an die andere, wie ein Atemzug des Lebens sich an den andern reiht, damit das Leben nicht aufhöre. Und jede Zeitspanne, jeder Atemzug kann der letzte sein; jeder ist nur wie geborgt für eine kleine Weile, immer nur einer und dann erst der andere. Ergreifen wir den zweiten, so entflieht uns der erste, und keine Macht ruft ihn zurück, um ihn noch einmal zu leben. Was wir deshalb tun im inneren Leben der Seele, im äußeren Werk des Leibes, alles geschieht in dieser Zeitlichkeit. Alles ist in immerwährendem Kommen und Gehen. Menschen werden und vergehen, Geburt und Tod – was hier beginnt, einmal ist alles, alles zu Ende. Einmal verklungen das Jauchzen der Freude, einmal ausgeweint aller Jammer, einmal wie Rauch vergangen alle Macht.

»Eitelkeit der Eitelkeiten«, klagte der Prediger des Alten Testamentes! Wie seltsam eitel und klein muss in gewissem Sinn all unser Tun sein, da es nicht bleiben kann, sondern vergeht, mag es noch so groß gewesen sein, da es gewissermaßen dahineilt, seine Unbedeutsamkeit möglichst rasch im leeren Dunkel des Vergangenen zu verstecken. Darum wohl ist es, als wollten die Menschen mit Händen, die vor Gier zittern und vor geheimem Grauen vor dem Tod, schnell möglichst viel hineinraffen in diese kurze Zeit, in diesen kurzen Traum, den wir das Leben nennen, möglichst viel Lust und Ehre, Macht und Wissen. Doch das Gefäß ist eng, alles, was wir hineinschöpfen, ist endlich, arm und klein, und dann – einmal bricht das Gefäß, und für immer zerrinnen der Wein der Freude und die bitteren Wasser des Leides. Alles endigt im Tode.

Die Seele aber, die unsterbliche, scheint hier nur der beharrende Grund zu sein, über den der grauenvolle Zug der dem Tod geweihten Dinge und Taten hinwegzieht, scheint nur dazu dazusein, dass der ewige Wechsel aller vorüberflatternden Gedanken, Taten und Gefühle ewig begleitet werde von dem qualvollen Wissen um ihre Vergänglichkeit, dazu, dass die Seele jedem Augenblick, jedem Glück die bittere Wahrheit zuraune, dass es ebenso vergehen werde wie das Glück, das sie vorher erlebte und vergehen sah. Alles Leben ist Sterben.

Aber in diesen Dingen, die nur Vergänglichkeit zu sein scheinen, ist doch etwas, das nicht vergeht. Jede Welle der Zeitlichkeit, die nur emporzusteigen scheint, um zurückzusinken, als sei sie nie gewesen, hebt etwas empor, das sie nicht mehr zurücknimmt in die schauerliche Leere des Vergangenen. In der Gleichgültigkeit allen Kommens und Gehens lebt geheimnisvoll ein Bedeutungsvolles, ein Ewiges: das Gute und das Böse. Es ist, als ob alle Wellen der Zeitlichkeit in ihrem ruhelosen Auf und Nieder immer leise anschlügen an dem Gestade der Ewigkeit, und jede Welle, jeder Augenblick der Zeit, jedes Menschenwerk dort *das* zurückließe, was an ihm ewig ist, das Gute und das Böse. Gut und Böse sind Dinge der Ewigkeit, sind Ewigkeit in den Dingen der Zeit. Es ist ein seliges und furchtbares Geheimnis zugleich: Unsere Taten versinken im Nichts, aber bevor sie sterben, haben sie aus ihrer Vergänglichkeit ein ewiges Wesen herausgeboren, das nicht mit ihnen untergeht. Die ewige Güte und Bosheit unserer vergänglichen Werke sinkt nieder auf den ewigen Grund der unvergänglichen Seele, gestaltet diesen verborgenen Grund. Mögen auch immer neue Wasser der Vergänglichkeit über diesen tiefen Grund der Seele hinwegrauschen, keine Zeit und kein Vergessen tilgt in ihm, was Güte und Bosheit geschaffen haben in jenen Tiefen. Nur neue Güte und Reue können noch gut machen, was Bosheit dort an Ewigkeit geschaffen hat, nur Bosheit kann dort die verborgene Schönheit der Güte noch zerstören, nur sie, nie aber die Zeit, nie das Vergängliche.

So bildet sich in der Vergänglichkeit langsam ein Ewiges, das ewige Antlitz unserer Seele und in ihm unser ewiges Schicksal. Und dann kommt der Augenblick, da ein Mensch aus der Zeitlichkeit eingeht in die Ewigkeit. Wenn es geschieht, dann ist ein Strom der Vergänglichkeit für immer zerronnen, das ruhelose Wechselspiel der Zeit hat aufgehört, über eine Seele hinwegzufluten in immerwährendem Auf und Nieder und hat den Grund der Seele freigegeben, den bisher niemand sah als Gott allein. Nun ist offenbar geworden das ewige Antlitz der Seele, das in den Tiefen verborgen war, dort langsam verhüllt wurde, verhüllt von den Schleiern der Zeitlichkeit. Was jetzt ist, was geblieben ist, das ist ewig, und wir sind ewig bei dem, was wir so in Wahrheit geworden sind. – Das also heißt es: ein Mensch geht den Weg seines Lebens durch die Zeit in die Ewigkeit, die keine Zeit mehr ist.

Maria ist diesen Weg gegangen. Heute feiern wir den Tag, da ihre Zeit Ewigkeit wurde. Auch sie lebte dieses Leben der Vergänglichkeit. Wie bei uns, wie bei allen Kindern dieser Erde war ihr Leben ein ruheloses Werden und Vergehen. Es fing irgendwo an in einem Winkel Palästinas, still und unbekannt, und bald war es wieder leise erloschen, und die Welt wusste es nicht. Zwischendrin war es erfüllt mit dem ruhelosen Wechsel, der auch unser Leben ausmacht, mit der Gewöhnlichkeit der Kinder Evas, die da ist: Sorge ums

Brot, viel Leid und Tränen und ein paar kleine Freuden. So waren auch ihr die Stunden zugemessen: einige des tiefsten Glückes in Gott, ihrem Heiland, viel alltägliche und gewöhnliche, von denen eine sich träge und matt und scheinbar so leer und schal an die andere reiht, Stunden des großen Leides. Aber schließlich waren alle vergangen, die erhabenen und die alltäglichen, und alle mochten einem unbedeutend erscheinen, da sie so vergehen konnten.

Leben der Vergänglichkeit war Mariä Leben, wie unser eigenes. Und doch, in einem war es ganz anders. Unser Leben, ach wie so rätselhaft und unbegreiflich ist es, nicht durch die Dunkelheit des Schicksals – an diesem gemeinsamen Los hatte ja auch Maria ihren Anteil –, sondern unbegreiflich und rätselhaft durch die Schuld. Diese macht unser Leben so widersinnig und wirr. In unserem Leben ist das Ewige, das den Augenblicken unseres Daseins eingesenkt ist, bald gut, bald böse. Und wenn durch Gottes Gnade ein Augenblick der Reue wieder tilgt, was böse Stunden in der Tiefe unseres Wesens als Ewigkeit schaffen wollten, eines bleibt auch dann noch: diese bösen Stunden sind für ewig verronnen, für ewig leer. Nie mehr wird aus ihrem Schoß eine lichte Ewigkeit hervorgehen, unfruchtbar sind sie ins Nichts des Gewesenen zurückgesunken, kein Mensch holt sie mehr zurück, um sie noch einmal, um sie jetzt *gut* zu leben, nie mehr wird auf ihnen liegen der strahlende Schein der Güte, der leuchten sollte wie ein ewiger Morgen.

Nur von einem Menschen außer Jesus wissen wir ein ander Leben, von Maria [...]. Da ist es doch einmal wahr geworden, was unser Herz in seinen bitteren Erfahrungen fast nicht glauben kann: Es gibt einen Menschen, der ohne Reue in seine Ewigkeit eingehen kann, Maria. Sie braucht nicht einen Augenblick ihres Lebens zu verleugnen, keiner ist leer und tot geblieben. Sie darf zu jeder Tat ihres Lebens stehen, keine war dunkel, keine ist versunken, ohne ein ewiges Leuchten zu entzünden, ohne zu strahlen mit *der* Leuchtkraft, die die sittlichen Möglichkeiten jedes Augenblickes restlos aufbrauchte.

Solch ein Leben ging zu Ende mit Mariens Heimgang, nein, ging nicht zu Ende: Es starb ja nur das Vergängliche, damit das Ewige ihres Lebens offenbar werde, jenes ewige Licht aus all den tausend Kerzen, von denen jeder Augenblick ihres Lebens eine entzündete. So ist ihr ganzes Leben eingegangen in die Ewigkeit, jeder Tag, jede Stunde, jeder Wellenschlag des Lebens ihrer Seele, alle Freude und aller Schmerz, die großen und die kleinen Stunden, nichts ist verloren, alles lebt weiter in der ewigen Güte der heimgegangenen Seele.

Ist solch ein Tag nicht auch ein Tag der Freude für uns? – Wir wissen zwar von uns her, dass das Menschenleben wechselvoll hineilt zu seiner Ewigkeit, zu seinem ewigen Schicksal. Aber wenn der letzte Augenblick der Zeit gekommen ist, die einem Menschen zugemessen ist, dann hat sich sein Mund im Tod geschlossen, durch das gläsern gewordene Auge dringt kein Blick mehr zur Seele vor, nur eine rätselvolle Totenmaske schaut uns an und schweigt. Es ist, als ob, die Pforte des Todes zwei Tore habe und der Mensch, wenn er die Pforte durchschreitet, das erste Tor hinter sich schließe, ehe er das zweite öffnet, damit ja kein Schein jenes Landes, das hinter der Pforte liegt, zu uns dringe. Ist es da nicht wunderbar und beseligend, dass uns der *Glaube* Zeugnis gibt von jener Welt, in die der Tote eingegangen ist, Zeugnis gibt von dem ewigen Schicksal der Entschlafenen?

Was dabei aber am tiefsten uns bewegen kann, ist dies: Dieses Zeugnis des Glaubens gibt uns nicht bloß Kunde von den sachlich-unpersönlichen Möglichkeiten, die nach dem Tod eintreten können. Es ist vielmehr, als ob Gottes Offenbarung, die zu uns spricht von dem verborgenen Leben Gottes im unzugänglichen Lichte, es nicht fertigbrächte, uns nur seine eigene Seligkeit zu offenbaren; das gleiche Gotteswort spricht auch vom seligen Leben derer, die für immer an Gottes barmherzigem Herzen ausruhen. Einzeln nennt sie Gott zärtlich mit Namen: Petrus mit seiner Reue und dreifachen Liebe ist bei mir; Paulus, der große Kämpfer und Dulder, ist bei mir; Franz, der fröhliche Bettler, ist bei mir; Benedikt Labre ist bei mir, und sein

Leben war doch auf der Landstraße; Stanislaus ist bei mir und war doch nur ein frommes, tapferes Kind. Und so hat uns Gott noch manchen Namen, hat uns unzählig viele Namen genannt. Er hat uns damit ein süßes Geheimnis seines Herzens anvertrauen wollen, hat uns gleichsam in rührender Vertraulichkeit gestanden, wen er für ewig an seinem Herzen geborgen hat als sein Kind, seinen Freund und seine Braut.

Und so wissen wir denn: Dieses ganz bestimmte, einmal unwiederholbar gelebte Leben, das wir mit Namen nennen können, von dem wir erzählen können, dessen Wege wir nachgehen, das wir lieben und verehren, das uns lockt zur Nachahmung, es ist nicht untergegangen, es lebt noch. Wir können Augenblick für Augenblick eines solchen Lebens nochmals sinnend an uns vorüberziehen lassen und immer sagen: Die Güte, die jene bestimmte Tat beseelte, leuchtet noch unvermindert hell in dieser Seele, der Heldensinn, der an jenem Ort sein Leben opferte, hat den Tod überdauert. Darum feiert die Kirche Fest um Fest ihrer Heiligen, jeden Tag neu, Geburtstage einer Ewigkeit, Siegesfeste unvergänglicher Güte, Feste des Entzückens, dass die Liebe nimmer aufhört. Sie weckt uns täglich neu aus der müden Resignation der Vergänglichkeit: Es ist nicht wahr, dass alles vergeht, das Gute ist unsterblich. Wo immer nur in der Welt ein kleines Licht der Reinheit, der Güte, der Demut, der Tapferkeit, der Geduld aufleuchtete, vor Gottes ewigem Lichte brennt es weiter als Widerschein von Gottes eigenem seligen Licht. Und wie im Glauben uns der geheimnisvolle Gott ganz nahe ist, weil seine eigene Wirklichkeit die lichten Strahlen ihrer Schönheit an das Auge unseres Glaubens trägt, so sind uns auch im gleichen Glauben diese heiligen Menschen der Ewigkeit nahe; die Schönheit ihrer Güte zwingt unsere Liebe. Es ist, als ob jede leise an unsere Seele rührte und wir jeder von ihnen im Wechselwort der Liebe sagen könnten: Ich freue mich deiner ewigen Güte, du bist mir ganz nahe, und deine Güte ist ein ewiger Sieg.

So ist es [...] bei Maria. Im Glauben wissen wir: Der süße Glanz der Gnade, der ihre

Seele schon erfüllte, als das Wort des Schöpfers sie ins Dasein rief, ist heute noch unzerstörbare Wirklichkeit, die zarte Demut, die Klarheit ihres herrlichen Geistes, die grenzenlose Hingabe an Gott, alles, was ihre Seele erfüllte, als sie ihr »Ich bin die Magd des Herrn« sprach, alles das ist immer neue Gegenwart; die schlichte Größe ihres Lebens, das Opfer unter dem Kreuz des Sohnes, all diese Güte und Heiligkeit, die einst diese dunkle Welt lichter machten und segneten, all das ist ewiges Leben, das jetzt, in dieser Stunde mitrauscht in den Wogen des göttlichen Lebens in einem ewigen Heute. [...] Und zwischen diesem immerwährenden Frohlocken und uns liegt nur der dünne Schleier der Zeitlichkeit, durch ihn hindurch dringt das Licht des Glaubens und die Stimme Gottes, der ein Gott der Lebendigen ist, und sie zeugen von dem ewigen Leben [Marias].

Ist uns da dieses gütige, selige Herz nicht nahe, ganz nahe durch die Nähe des Glaubens und der Liebe, durch die stille, heilige Nähe des Ewigen für den, der sich in Sehnsucht und Verlangen nach ihm ausstreckt? Wenn wir aus der Tiefe unserer sterbenden Tage dieses ewige Heute grüßen, dann gilt unser Gruß noch immer der gleichen Unendlichkeit an seligem Leben, das vor bald zweitausend Jahren mit irdischem Maß gemessen aufrauschte, um nie mehr zu verrinnen. Und dann denken wir daran, dass diese Ewigkeit aus den dunklen Tälern *unserer* Vergänglichkeit emporsteigt, und schauen voll seliger Hoffnung empor, weil wir dort droben in der Seligkeit Mariens vorgebildet sehen das selige Geschick, das unsere Seele einst finden soll.

Wenn ein Mensch umso mehr Liebe verdient, je lauterer und heiliger sein Wesen ist, welche Liebe schulden wir dann nicht der [...] Mutter Jesu; wenn wir das Gute lieben, welches Entzücken muss es dann nicht eigentlich für uns sein, dass solch unbegreifliche Güte ewig selig und gerettet ist? [...] Wir wissen auch, dass die Güte, die heute aus Zeit Ewigkeit geworden ist, uns deshalb nicht genommen wurde, sondern unter uns fortwirkt in Segen und Gnade. Darum wollen wir die

Hände falten und beten: Heilige Maria, Mutter Gottes, bitte für uns Sünder, jetzt in dieser Vergänglichkeit, die auch deine war, und in der Stunde unseres Todes, damit wir eingehen mögen in die Ewigkeit, die heute deine ist und der wir in Andacht gedenken.

7. Jesu Abschied von seiner Mutter

»Als Jesus die Mutter sah und bei ihr den Jünger, den er liebte, sagte er zur Mutter: Frau, siehe, dein Sohn! Dann sagte er zu dem Jünger: Siehe, deine Mutter! Und von jener Stunde an nahm sie der Jünger zu sich.« (Joh 19,26f.)

Jetzt im Tod war die Stunde gekommen, da deine Mutter wieder bei dir sein durfte, jetzt, wo keine Wunder erbeten wurden, sondern gestorben werden musste, da durfte die dabei sein, zu der du gesagt hattest: »Was willst du von mir, Frau? Meine Stunde ist noch nicht gekommen« (Joh 2,4). Jetzt ist die Stunde da, wo der Sohn und die Mutter verbunden sind.

Und diese Stunde ist die Stunde des Abschieds, die Stunde des Sterbens. Die Stunde, da der Mutter, die Witwe war, der einzige Sohn genommen wird.

Und so sieht dein Auge noch einmal die Mutter. Du hast dieser Mutter nichts erspart. Du warst nicht bloß die Freude ihres Lebens. Du warst auch die Bitterkeit und das Leid ihres Lebens. Aber beides war deine Gnade, denn beides war deine Liebe. Und weil sie in beidem zu dir hielt und dir diente, darum liebst du sie. Denn darin ist sie eigentlich erst ganz deine Mutter geworden. Denn Bruder, Schwester, Mutter sind dir die, die den Willen deines Vaters tun, der im Himmel ist.

In deiner Qual ist deine Liebe auch noch wach für die Zärtlichkeit, die auf dieser Erde schwingt zwischen einem Sohn und seiner Mutter. Denn durch deinen Tod sind auch diese zarten, köstlichen Dinge dieser Erde geweiht und geheiligt, die die Herzen weich machen und die Erde schön. [...]

Darum wird auch eine neue Erde sein, weil du im Tod auch die Erde geliebt hast, weil du, noch im Sterben für unser ewiges Heil, gerührt warst über die Tränen, die eine Mutter weint, weil du noch im Untergang für das irdische Wohl einer Witwe sorgtest und einem Sohn eine Mutter und einer Mutter einen Sohn schenktest.

Zu den Textquellen

Der Buchtitel wie auch alle Gliederungstitel stammen von den beiden Herausgebern, nicht von Karl Rahner selbst.

Zur besseren Lesbarkeit wurden zuweilen größere Textpassagen Rahners in Absätze unterteilt.

Wo Rahner Bibelstellen zitiert, werden sie hier in der Formulierung der neuen Einheitsübersetzung wiedergegeben.

Ziffern in runden Klammern (1), (2) am Anfang einzelner Rahner-Textabschnitte stehen nicht im Original, sondern dienen der Zuordnung zu den im folgenden aufgeführten Quellen.

SW = Karl Rahner, Sämtliche Werke,
32 Bände, Freiburg i.Br. 1995–2018.

1. Ein ganz einfacher Satz

(1) Zitiert nach: SW 29, S. 457. – Es handelt sich um Antworten Rahners in einem »Kolloquium« über Marienverehrung mit Studierenden vom 5. Mai 1983, das zuerst veröffentlicht wurde in: Paul Imhof – Hubert Biallowons (Hrsg.), Glaube in winterlicher Zeit. Gespräche mit Karl Rahner aus den letzten Lebensjahren. Düsseldorf 1986, S. 105–113, hier 111; jetzt in: Karl Rahner, Sämtliche Werke. Bd. 29: Geistliche Schriften. Späte Beiträge zur Praxis des Glaubens. Bearbeitet von Herbert Vorgrimler. Freiburg i. Br. 2007, S. 452–458 (»Marienverehrung heute«).

(2) Zitiert nach: SW 9, S. 650. – Abschrift einer Radiosendung im Kirchenfunk des Bayerischen Rundfunks vom 12. Mai 1956, erst-

mals veröffentlicht unter dem Titel »Maria, Mutter des Herrn, im Verständnis der katholischen Kirche«, in: Karl Rahner, Sämtliche Werke. Bd. 9: Maria, Mutter des Herrn. Mariologische Studien. Bearbeitet von Regina Pacis Meyer. Freiburg i. Br. 2009, S. 650–652.

2. *Gottes Plan*

(1) Zitiert nach: SW 9, S. 526 (»Maria in der Theologie«). – Aus acht Predigten, die Rahner im Mai 1953 während einer Maiandacht in Innsbruck gehalten hat, entstand 1956 das Buch »Maria, Mutter des Herrn«, das bis 1962 vier Auflagen erlebte: Karl Rahner, Maria, Mutter des Herrn. Theologische Betrachtungen, in: SW 9, S. 515–568.

(2) Zitiert nach: SW 13, S. 427. – Die Passage

stammt aus einem Exerzitienkurs für Weihekandidaten, den Rahner vor dem Konzil (1961) gehalten hat, der aber erst neun Jahre später als Buch erschien in: Einübung priesterlicher Existenz. Freiburg i. Br. 1970, S. 286; jetzt in: Karl Rahner, Sämtliche Werke. Bd. 13: Ignatianischer Geist. Schriften zu den Exerzitien und zur Spiritualität des Ordensgründers. Bearbeitet von Andreas R. Batlogg – Johannes Herzgsell und Stefan Kiechle. Freiburg i. Br. 2006, S. 269–437.

3. Marias Tat

(1) Zitiert nach: SW 9, 618. – Passage aus dem auf einer Diözesankonferenz des Klerus in Paderborn am 19. April 1955 gehaltenen Referat »Maria und das Apostolat«, das zuerst

veröffentlicht wurde in: Karl Rahner, Sendung und Gnade. Beiträge zur Pastoraltheologie. Innsbruck 1959, S. 129–150; jetzt in: SW 9, S. 608–622.

(2) Zitiert nach: SW 22/2, S. 179. – Der Text »Maria und das christliche Bild der Frau« ist zuerst in der Zeitschrift »Stimmen der Zeit« (1975) erschienen und wurde dann aufgenommen in: Schriften zur Theologie. Bd. 13: Gott und Offenbarung. Zürich 1978, S. 353–360, hier 358; jetzt in: Karl Rahner, Sämtliche Werke. Bd. 22/2: Dogmatik nach dem Konzil. Zweiter Teilband: Theologische Anthropologie und Ekklesiologie. Bearbeitet von Albert Raffelt. Freiburg i. Br. 2008, S. 175–180.

4. Was wir durch Maria über uns selbst erfahren

Zitiert nach: SW 9 553 f. (»Maria, die Sündenlose«). – Karl Rahner, Maria, Mutter des Herrn, in: SW 9, S. 515–568.

5. Hehres Bild eines Menschen

Zitiert nach: SW 29, S. 281 f. – Zuerst veröffentlicht in der Zeitschrift »Geist und Leben« (1983), dann aufgenommen in: Karl Rahner, Schriften zur Theologie. Bd. 16: Humane Gesellschaft und Kirche von morgen. Zürich 1984, S. 321–335; jetzt in: SW 29, S. 280–290 (»Mut zur Marienverehrung«).

6. Mariä Aufnahme in den Himmel

Zitiert nach: SW 7, S. 180–185 (»Mariä Himmelfahrt«). – Erstmals erschienen in dem im

Verlag Ars Sacra herausgegebenen Bändchen »Kleines Kirchenjahr« (München 1954), das Predigten aus den Jahren 1947 bis 1953, die zuvor einzeln an verschiedenen Orten erschienen waren, versammelte; später als Taschenbuch im Verlag Herder in der Reihe »Herderbücherei« (Band 901: Kleines Kirchenjahr. Ein Gang durch den Festkreis) erschienen (Freiburg i. Br. 1981) und dann aufgenommen in: Karl Rahner, Das große Kirchenjahr. Geistliche Texte. Hrsg. von Albert Raffelt. Freiburg i. Br. 1987; jetzt in: Karl Rahner, Sämtliche Werke. Bd. 7: Der betende Christ. Geistliche Schriften und Studien zur Praxis des Glaubens. Bearbeitet von Andreas R. Batlogg. Freiburg i. Br. 2013, 117–189.

7. Jesu Abschied von seiner Mutter

Zitiert nach: SW 7, S. 203 f. – Text aus dem zunächst unter dem Pseudonym Anselm Trescher (dem Mädchennamen seiner Mutter) erschienenen Bändchen »Heilige Stunde und Passionsandacht« (Innsbruck 1949; die zweite, im Verlag Herder erschienene Auflage von 1955 erschien unter dem Klarnamen Karl Rahner); später aufgenommen in: Karl Rahner, Gebete des Lebens. Hrsg. von Albert Raffelt. Freiburg i. Br. 1984, S. 62–75 (»Die sieben letzten Worte Jesu«). – Jetzt in: SW 7, S. 190–207.

Anmerkungen

1 Therese Martin, Ich gehe ins Leben ein. Letzte Gespräche der Heiligen von Lisieux. Leutesdorf 1982, S. 177f.
2 Jetzt leicht zugänglich in: Karl Rahner, Sämtliche Werke. Bd. 9: Maria, Mutter des Herrn. Mariologische Studien. Bearbeitet von Regina Pacis Meyer. Freiburg i. Br. 2004, S. 515–566.
3 Dominik Matuschek, Konkrete Dogmatik. Die Mariologie Karl Rahners (IThS 87). Innsbruck 2012, S. 15.
4 Karl Rahner, Marienverehrung heute, in: SW 29, 452–458, hier 455.
5 Ebd., S. 454 f.
6 SW 29, S. 458.

Karl Rahner
im Matthias Grünewald Verlag

Karl Rahner (1904–1984) war Jesuit und Theologe von Weltrang. Sein Anliegen war die Vermittlung von theologischer Tradition und modernem Denken. Er hatte großen Einfluss auf das Zweite Vatikanische Konzil und prägte die Grundlinien der Theologie im deutschen Sprachraum bis heute.

Die von Andreas R. Batlogg und Peter Suchla im Matthias Grünewald Verlag herausgegebene Reihe stellt Texte aus dem Werk Karl Rahners vor, die zeigen, wie christlicher Glaube das Leben auch heute bereichern kann.

Karl Rahner im Matthias Grünewald Verlag

Gott erfahren – wie soll das gehen?
ISBN 978-3-7867-3344-7

Würde mir Gott fehlen?
ISBN 978-3-7867-3316-4

Jesus nachfolgen – anders als gedacht
ISBN 978-3-7867-3303-4

Warum Beten manchmal schwerfällt – und was daran gut ist
ISBN 978-3-7867-3240-2

Vom Unterwegssein, Pilgern und Ankommen für immer
IBSN 978-3-7867-3248-8

Im Alltag nicht alltäglich werden
ISBN 978-3-7867-3181-8

Von der Kraft, täglich neu zu beginnen
ISBN 978-3-7867-3211-2

Altwerden und lebendig bleiben
ISBN 978-3-7867-3274-7

Advent – Von der tiefen Sehnsucht unseres Lebens
ISBN 978-3-7867-3147-4

Von der stillen Weihnacht unseres Herzens
ISBN 978-3-7867-3193-1

Ostern: Es hat alles schon begonnen, gut zu werden
ISBN 978-3-7867-3327-0

Karl Rahner

Glaube und Kultur: Zu Literatur, Musik und Kunst
Hrsg. von Gesa E. Thießen
Paperback | 264 Seiten
ISBN 978-3-7867-3315-7

Karl Rahner reflektierte öfter über gesellschaftlich-kulturelle Themen aus theologischer Perspektive. Gerade weil die Künste an sich kein Forschungsschwerpunkt seines akademischen Wirkens waren, beeindrucken seine zentralen Einsichten und relevanten Überlegungen zu einer Theologie der Kultur. Menschlich inspirierend und vom Glauben getragen laden Rahners Beiträge zum erneuten Mitdenken und Weiterdenken ein.
Gesa E. Thießen hat Rahners Beiträge zum Thema zusammengestellt und mit einer Einleitung erschlossen und kommentiert.